BEI GRIN MACHT SICH IHR WISSEN BEZAHLT

- Wir veröffentlichen Ihre Hausarbeit,
  Bachelor- und Masterarbeit

- Ihr eigenes eBook und Buch -
  weltweit in allen wichtigen Shops

- Verdienen Sie an jedem Verkauf

Jetzt bei www.GRIN.com hochladen und kostenlos publizieren

Bibliografische Information der Deutschen Nationalbibliothek:

Die Deutsche Bibliothek verzeichnet diese Publikation in der Deutschen National-
bibliografie; detaillierte bibliografische Daten sind im Internet über http://dnb.d-
nb.de/ abrufbar.

Impressum:

Copyright © 2017 GRIN Verlag
Druck und Bindung: Books on Demand GmbH, Norderstedt Germany
ISBN: 9783668640856

Dieses Buch bei GRIN:

https://www.grin.com/document/412055

Patrick Langer

Der "Geniegedanke" in der Epoche des Sturm und Drang am Beispiel von Goethes Drama "Götz von Berlichingen" (1773)

GRIN Verlag

Königin-Luise-Stiftung
Gymnasium

Oberstufe
2. Semester

FACHARBEIT

im Leistungskurs Deutsch

Der "Geniegedanke" in der Epoche des Sturm und Drang am
Beispiel von Goethes Drama "Götz von Berlichingen" (1773)

vorgelegt von: Patrick Langer
Abgabedatum: 20.04.2017

Inhaltsverzeichnis

1 Einleitung 3

2 Die Epoche des Sturm und Drang und der „Geniegedanke" 4

3 Biografie von Johann Wolfgang von Goethe in Bezug auf den Sturm
   und Drang 6

4 „Götz von Berlichingen" (1773) - Inhaltsangabe 7

5 Das Drama im Sturm und Drang 9

   5.1 Analyse von „Götz von Berlichingen" in Bezug auf das Drama im
        Sturm und Drang 10

   5.2 Der „Geniegedanke" am Beispiel von „Götz von Berlichingen" ... 12

6 Zusammenfassung und Ausblick 13

   6.1 Literatur- und Quellenverzeichnis 15

      6.1.1 Internetadressen 15

      6.1.2 Arbeitsblätter aus dem Unterricht 16

      6.1.3 Bücher 16

1   Einleitung

Die vorliegende Facharbeit befasst sich mit dem „Geniegedanken" in der Epoche des Sturm und Drang am Beispiel von Goethes Drama „Götz von Berlichingen" (1773). Zusätzlich soll der „Geniegedanke" von Goethe und der des Götz analysiert sowie untersucht werden, inwiefern man diesen bei den Beiden wiederfindet. Sie entstand im Rahmen des Semesterprojektes zum Thema „Goethe und seine Werke" im 2. Semester 2017 des Leistungskurs Deutsch.

Bei der Wahl eines passenden Werkes zum Thema „Geniegedanke", welcher mich sehr interessiert, bin ich auf das Drama „Götz von Berlichingen" in der Fassung von 1773, von Johann Wolfang von Goethe, gestoßen. Beim Überfliegen einer Inhaltsangabe kam mir die Idee zum vorgenannten Thema, da „Götz von Berlichingen" (1773) die Ständeunterschiede sowie das Freiheitsmotiv des Sturm und Drang thematisiert. Außerdem handelt es von dem Reichsritter Gottfried „Götz" von Berlichingen, der sich gegen das neue Gesellschaftssystem ausspricht und unabhängig handelt, sowie seine Gefühle zum Ausdruck bringt, da er die Fähigkeit besitzt, selber zu denken. Somit entschied ich mich für dieses Werk.

Um sich einen Überblick über die literarische Epoche des Sturm und Drang und den „Geniegedanken" zu verschaffen, werde ich zu Anfang auf diese beiden Punkte eingehen. Danach folgt die Biografie Goethes in Hinblick auf seine Stellung im Sturm und Drang. Anschließend wird auf sein Werk und einen wichtigen Bestandteil dieser Facharbeit eingegangen: auf das Drama „Götz von Berlichingen" (1773). Um den Untersuchungsgegenstand des „Geniegedankens" in diesem Werk zu klären, folgt darauf eine Inhaltsangabe zum näheren Verständnis.

Da sich der „Geniegedanke" Goethes in diesem Werk im Aufbau des Dramas im Sturm und Drang wiederspiegelt, gehe ich im Folgenden auf das Drama in dieser Epoche ein. Im Zusammenhang dieser Untersuchung werde ich die Stellung des Götz näher beleuchten und in Hinblick auf den

Sturm und Drang sowie das Genie interpretieren. Zuletzt folgt eine abschließende Zusammenfassung und Interpretation der Ergebnisse in Hinblick auf meine Fragestellung.

2   Die Epoche des Sturm und Drang und der „Geniegedanke"

Der Sturm und Drang als literarische Epoche verlief von etwa 1765 bis 1785 und wird auch als „Geniezeit" bezeichnet. Sie bildete sich aus der Epoche der Aufklärung (1720 – 1800) als eine Jugend- und Protestbewegung von jungen Dichtern heraus, die anstelle der Vernunft und des Verstandes auf den Individualismus und die freie Verwirklichung des eigenen Ichs zielte, und die Gefühle in den Vordergrund stellte. Die Stürmer und Dränger stellten sich gegen die „Dekadenz und die Unmoral des Adels"[1] und „übten Kritik an der institutionalisierten Kirche"[2]. Gleichzeitig forderten sie die Freiheit des Einzelmenschen und richteten sich gegen die „Normen- und Regelgläubigkeit" (Seite 40) [3] der Aufklärung. Die Epoche war zudem von einem Gefühlsüberschwang und dem Freiheitsgefühl gekennzeichnet[4], das nicht zuletzt in Goethes Drama „Götz von Berlichingen" (1773) auftaucht. Der Sturm und Drang hatte zwei zentrale Motive: das Naturmotiv, welches sich gegen Regeln in der Gesellschaft stellt und auf eine freie, naturbelassene Entfaltung des eigenen Ichs abzielt, zum anderen das Liebesmotiv, das den Gefühlen und der Emotionalität den Vorrang lässt. Ein weiteres Merkmal für diese Epoche ist die verwendete metaphorische Sprache und die Verwendung eines lyrischen Ichs. Zudem lässt sich ein rascher Wechsel der Gefühle und Eindrücke erkennen, nicht zuletzt ist dies ein Merkmal des Dramas „Götz von Berlichingen".

---

[1] Arbeitsblatt: Das Herz schlägt früher, als unser Kopf denkt (erhalten am 24.02.2017)
[2] ebd.
[3] keine Angaben zum Autor: Abi Deutsch (Duden SMS - Schnell-Merk-System), Duden Schulbuchverlag, Berlin.Mannheim.Leipzig.Wien.Zürich.Frankfurt a.M.
[4] keine Angaben zum Autor und der Veröffentlichung, http://www.duden.de/rechtschreibung/Sturm_und_Drang, (Zugriff am 26.03.2017)

Im Winter 1770 trafen Johann Wolfgang Goethe und Johann Gottfried Herder in Straßburg zusammen und gründeten einen „Zirkel begeisterter junger Dichter"[1], dem sich viele weitere Dichter anschlossen, unter anderem auch Heinrich Leopold Wagner und 1774 Friedrich Maximilian Klinger. Dieser verfasste ein Drama mit dem Titel „Sturm und Drang", das der Epoche ihren Namen verlieh.[2]

Der berühmteste Dichter dieser Epoche ist mit Wahrscheinlichkeit Johann Wolfgang von Goethe. Dieser verfasste viele Werke im Sturm und Drang, wie zum Beispiel „Götz von Berlichingen" (1771), „Die Leiden des jungen Werther" (1774) und „Iphigenie auf Tauris" (1779).

Der Begriff „Geniegedanke" im Sturm und Drang bezieht sich auf das sogenannte „Genie", „das sich seine Regeln und Gesetze selbst schafft"[3]. Es hält sich beim Verfassen von Dichtung nicht an die dafür festgelegten Regeln, sondern nutzt seine eigene Kreativität und sein Wissen und ist somit ein unabhängiger Künstler.[4] Das Genie passt sich nicht der Gesellschaft an, da es die Fähigkeit besitzt, selber zu denken und zu handeln sowie seine eigene Individualität zu leben und seine Gefühle zum Ausdruck zu bringen.[5] Es ist, nach der Auffassung von Goethe, ein „[…] Schöpfergott und steht in der Tradition einer Vervollkommnung des Menschen […]"[6]. Damit ist das Genie ein gottähnlicher, individueller Schöpfer, der durch sein Schaffen die Natur vollendet. Zudem ist es die „[…] höchste Steigerung des Individuellen und Naturhaften[…]"(Seite 41)[7].

---

[1] keine Angaben zum Autor und der Veröffentlichung,
http://www.duden.de/rechtschreibung/Sturm_und_Drang, (Zugriff am 26.03.2017)
[2] Arbeitsblatt: Das Herz schlägt früher, als unser Kopf denkt (erhalten am 24.02.2017)
[3] Mahnert, Detlev: Sturm und Drang (1767-1785), http://www.detlev-mahnert.de/Sturm_und_Drang.html, (Zugriff am 26.03.2017)
[4] Hahn, Katharina: Sturm und Drang. In: Rossipotti-Literaturlexikon; hrsg. von Annette Kautt; http://www.literaturlexikon.de/epochen/sturm_und_drang.html; Stand: 15.11.2012, (Zugriff am 26.03.2017)
[5] Keine Angaben zum Autor, hochgeladen am 15.06.2004, http://www.e-hausaufgaben.de/Hausaufgaben/D1462-Der-Geniegedanke-der-Sturm-und-Drang-Epoche.php, (Zugriff am 26.03.2017)
[6] Fleck, Christina J.: Genie und Wahrheit. Der Geniegedanke im Sturm und Drang, Tectum, Auflage vom 1. Juli 2006, Klappentext, https://www.amazon.de/Genie-Wahrheit-Geniegedanke-Sturm-Drang/dp/382889075X, (Zugriff am 26.03.2017)
[7] keine Angaben zum Autor: Abi Deutsch (Duden SMS - Schnell-Merk-System), Duden Schulbuchverlag, Berlin.Mannheim.Leipzig.Wien.Zürich.Frankfurt a.M.

3 Biografie von Johann Wolfgang von Goethe in Bezug auf den Sturm und Drang

Johann Wolfgang Goethe wurde am 28. August 1749 in Frankfurt am Main als Sohn des Kaiserlichen Rates Johann Caspar Goethe und seiner Frau Catharina Elisabeth geboren. Bereits früh wurde er in vielen Fremdsprachen unterrichtet und lernte außerdem das „Schönschreiben". Im Oktober 1765 nahm Goethe auf Bitte des Vaters ein Jurastudium in Leipzig auf, welches er 1768 wegen einer Erkrankung abbrechen musste. Von 1770 bis 1771 setzte er dann sein Jurastudium in Straßburg fort. Goethe interessierte sich zu dieser Zeit auch für die Epoche der Aufklärung und der Empfindsamkeit. Nach seinem Abschluss kehrte er dann nach Frankfurt zurück und arbeitete als Rechtswissenschaftler. Nebenbei widmete er sich verstärkt der Dichtung.

Mittels eines Studienkollegen lernte er Friederike Brion kennen, mit der er eine eineinhalb Jahre lange Beziehung führte. Ihr widmete er auch viele Gedichte.[1] 1771 verfasste Goethe dann binnen sechs Wochen das Drama „Geschichte Gottfriedens von Berlichingen mit der eisernen Hand", welches später die Urfassung war. 1773 wurde es erstmals gedruckt. Dieses Drama, mit seinen über fünfzig Schauplätzen und dramatischen Szenen, wird heute als Musterbeispiel der Epoche des Sturm und Drang (1765 – 1785) zugeordnet und gilt als Revolution[2], in der die individuelle Persönlichkeit und die Verwirklichung des Einzelmenschen im Vordergrund stand. Es ging darum, die Regeln und das von der Vernunft gesteuerte Denken der Aufklärung zu verwerfen und die Emotionen in den Mittelpunkt zu stellen. Goethe verfasste viele weitere Werke in dieser Epoche, unter anderem „Die Leiden des jungen Werther" und „Faust. Frühe Fassung". Vor allem Shakespeare beeindruckte ihn zu dieser Zeit, der sich von den Normen und Regeln der früheren Werke löste. Nun standen auch bei Goethe der Vorrang des Gefühls im Vordergrund, und

---

[1] Arbeitsblatt: „Dichtung und Wahrheit" in des jungen Goethe „Willkommen und Abschied" (erhalten am 01.03.2017)
[2] keine Angaben zum Autor und der Veröffentlichung, http://www.johann-wolfgang-goethe.de/sturm-und-drang/, (Zugriff am 05.03.2017)

es wurde sich, genau wie in der dazu parallel verlaufenden Epoche der Aufklärung, gegen die Kirche und die Dekadenz des Adels gerichtet.

1775 wird Goethe von Karl August nach Weimar eingeladen, wo er auch hinzog und später zum Beamten ernannt wurde sowie politische Aufgaben übernahm. Dort lernte er auch Charlotte vom Stein kennen. Während dieser Zeit setzt sich der Humanismus-Gedanke in Goethes Werken langsam durch. Goethe wurde außerdem 1776 zum Geheimen Legationsrat und 1779 zum Geheimen Rat ernannt. 1786 unternahm er eine Erholungs- und Bildungsreise nach Italien. Während dieser Zeit verfasste er unter anderem das Werk „Iphigenie auf Tauris". 1788 kehrte Goethe nach Weimar zurück, wo er Christiane Vulpius kennenlernte. Im gleichen Jahr begegnete er Friedrich Schiller. 1790 reiste Goethe erneut nach Italien und 1791 wird er zum Leiter des Weimarer Hoftheaters ernannt. Zusammen mit Schiller, der 1799 nach Weimar zog, entwickelte Goethe den Stil der Weimarer Klassik, der von dem Idealismus geprägt war und sich an der Antike orientierte. 1805 stirbt sein Freund Schiller. Nach dessen Tod lernte er unter anderem Wilhelm von Humboldt kennen. 1806 heiratete Goethe dann Christiane Vulpius. Auf dem Erfurter Fürstenkongress 1808 lernte er Napoleon kennen. 1815 unternahm Goethe ausgedehnte Reisen in das Rhein-Main-Gebiet und 1816 zog er sich aus dem Weimarer Geschäftsleben zurück, nach dem seine Frau Christiane Vulpius starb. In den darauffolgenden Jahren vollendete er seine Autobiografie „Dichtung und Wahrheit" und „Faust. Zweiter Teil". Am 22. März 1832 verstarb Johann Wolfgang von Goethe.[1]

4 „Götz von Berlichingen" (1773) - Inhaltsangabe

Das Drama „Götz von Berlichingen" in der Fassung von 1773 wurde von Johann Wolfgang von Goethe verfasst. Es zählt zu den bedeutendsten Werken des Sturm und Drang (1765 – 1785). Es hat mehr als fünfzig Schauplätze und beleuchtet alle Bevölkerungsschichten zu dieser Zeit.

---

[1] keine Angaben zum Autor und der Veröffentlichung, http://frankfurt-interaktiv.de/frankfurt/kultur/goethe/goethe.html, (Zugriff am 05.03.2017)

„Götz von Berlichingen" handelt von dem Schicksal der historischen Figur Gottfried „Götz" von Berlichingen, der sich als Reichsritter im damaligen Deutschland des 16. Jahrhunderts gegen den Bischof von Bamberg lehnt. Dieser versucht, dem Kaiser die Macht streitig zu machen und das römische Recht anstelle des Feudalrechtes zu stellen. In dem „Kampf um Recht und Freiheit" scheitert schlussendlich „das Freiheit beanspruchende Individuum" an der „Macht des positiven Rechts" (vgl. Seite 43)[1].

Als Berlichingen erfährt, dass einer seiner Reiter von Söldnern des Bischofs von Bamberg gefangengenommen worden ist, überfällt er den Ritter Adelbert von Weislingen, der ein Jugendfreund des Götz war und in den Diensten des Bischofs von Bamberg steht. Dieser wird von Berlichingen mit auf seine Burg in Jagsthausen gebracht, wo er Weislingen davon überzeugen kann, sich dem freien Raubrittertum anzuschließen. Weislingen lernt zudem Maria, die Schwester von Berlichingen, kennen und verliebt sich in diese. Beide werden ein Paar und verloben sich.

Währenddessen wird Weislingen von seinem Buben Franz davon überzeugt, wegen der Witwe Adelheid von Walldorf, „ein Engel in Weibergestalt"[2] (S.36,Zeile 5-6), an den Bamberger Hof zurückzukehren. Dort erliegt er der Adelheid und steht nun wieder in Diensten des Bischofs. „Das schlechte Gewissen wegen dieses Treuebruchs ist das psychologische Motiv seiner fortan tödlichen Feindschaft gegenüber Götz"[3], woraufhin er bei Kaiser Maximilian um eine Erhebung einer Reichsacht gegen Berlichingen bittet, die er mit der rücksichtslosen Ausbeutung von Kaufleuten rechtfertigt. Der Kaiser stimmt dieser zu und entsendet ein Exekutionsheer nach der Burg Jagsthausen. Bei der Belagerung der Burg wird Berlichingen gefangen genommen und nach Heilbronn vor die kaiserlichen Räte gebracht, wo er dazu genötigt wird,

---

[1] keine Angaben zum Autor: Abi Deutsch (Duden SMS - Schnell-Merk-System), Duden Schulbuchverlag, Berlin.Mannheim.Leipzig.Wien.Zürich.Frankfurt a.M.
[2] Wald, Martin C.: Johann Wolfgang von Goethe Götz von Berlichingen, Reclam XL Text und Kontext, Stuttgart 2014
[3] Keine Angaben zum Autor und der Veröffentlichung
http://www.xlibris.de/Autoren/Goethe/Kurzinhalt/G%C3%B6tz%20von%20Berlichingen
(Zugriff am 15.03.2017)

seine Urfehde abzuschwören, wogegen er sich jedoch weigert. Berlichingen wird von Franz von Sickingen, seinem Schwager und auch Reichsritter, gerettet, da dieser mit mehreren zweihundert Mann dem Rat droht, die Stadt anzuzünden, wenn Sie Berlichingen nicht freilassen würden. Berlichingen, der sich fortan in ritterlicher Haft auf seine Burg in Jagsthausen zurückzieht, wird von einer Gruppe aufständischer Bauern dazu überredet, ihr Anführer zu werden, die sich gegen die landesfürstliche Gewalt stellen. Da Berlichingen die Plünderungen in Dörfern durch die Bauern nicht gutheißt, versucht er, diese zu beenden. Die Bauern weigern sich jedoch und führen einen Aufstand, welcher von dem Reichsheer niedergeschlagen werden soll. Währenddessen wird Berlichingen in den Kampf hineingezogen und kämpft mit Franz von Sickingen und anderen Reichsrittern gegen das Heer.[1] Während des Bauernkrieges wird der Knabe Georg, der einen jüngeren Götz darstellt, getötet und Berlichingen wird verwundet und erneut gefangengenommen. Götz von Berlichingen stirbt im Beisein seiner Frau und Schwester in einem Garten am Turm von Heilbronn. Währenddessen wird Weislingen von der Adelheid vergiftet, da er ihr nicht mehr von Nutzen ist.[2]

5 Das Drama im Sturm und Drang

Das Drama war die bevorzugte literarische Gattung des Sturm und Drang. Dramen waren oft in Prosaform verfasst, also ohne eine durch Versmaß oder Rhythmus gebundene Sprache. Sie orientierten sich zudem an einer alltagsnahen Sprache mit Kraftausdrücken und Ausrufesätzen.[3] Die Merkmale dieser Epoche, wie zum Beispiel die Emotionalität oder die ausdrucksvolle Wiedergabe von Erfahrungen und Gefühlen, lassen sich sehr gut in einem dramatischen Text verdeutlichen. Die klassizistische

---

[1] Keine Angaben zum Autor und der Veröffentlichung
http://www.xlibris.de/Autoren/Goethe/Kurzinhalt/G%C3%B6tz%20von%20Berlichingen
(Zugriff am 15.03.2017)
[2] Wald, Martin C.: Johann Wolfgang von Goethe Götz von Berlichingen, Reclam XL Text und Kontext, Stuttgart 2014
[3] keine Angaben zum Autor: Abi Deutsch (Duden SMS - Schnell-Merk-System), Duden Schulbuchverlag, Berlin.Mannheim.Leipzig.Wien.Zürich.Frankfurt a.M.

Dramaturgie wurde aufgegeben und anstelle einer Aufteilung in Akte gab es in Dramen im Sturm und Drang häufige Ortswechsel und zeitliche Sprünge. Kurze Szenen und Episodenreihungen waren ein weiteres Merkmal.[1] Häufige Themen der Dramen waren „der Zusammenstoß des einzelnen mit der gesellschaftlichen Wirklichkeit"[2] oder „der Protest gegen ständische Schranken oder die Korruption der Herrschenden"[3]. Aber auch „die Zerrissenheit des Menschen"(Seite 136 Zeile 24)[4] und „das Problem des Standesunterschieds"(Seite 136 Zeile 25-26)[5] sowie „der Konflikt zwischen dem Freiheitsdrang des Einzelnen und den Restriktionen der Gesellschaft" (Seite 136 Zeile 26-27)[6] waren Hauptthemen der Dramen im Sturm und Drang.

5.1 Analyse von „Götz von Berlichingen" in Bezug auf das Drama im Sturm und Drang

Das Drama „Götz von Berlichingen" (1773) weist einige von den Merkmalen des Dramas im Sturm und Drang auf: Es ist in Prosaform verfasst, die Handlung spielt an über fünfzig Schauplätzen, wie zum Beispiel in Bamberg, „Jaxthaussen" (u.a. Seite 96)[7] oder im Wirtshaus zu Heilbronn und es wird keine zeitliche Einordnung vorgenommen. Das Schauspiel springt zudem „im schnellen Wechsel zwischen häufig sehr kurzen Szenen […] zwischen weit entlegenen Orten hin und her" (Seite 74)[8]. Außerdem treten über fünfzig Personen in der Handlung auf, was zusätzlich von den Konventionen des klassischen Dramas abweicht (vgl.

---

[1] (vgl. Seite 136, Zeile 18-31) Wald, Martin C.: Johann Wolfgang von Goethe Götz von Berlichingen, Reclam XL Text und Kontext, Stuttgart 2014,
[2] Keine Angaben zum Autor oder der Veröffentlichung,
http://www.pinselpark.de/geschichte/spezif/literatur/epochen/1770_sturm.html, (Zugriff am 05.03.2017)
[3] ebd.
[4] Wald, Martin C.: Johann Wolfgang von Goethe Götz von Berlichingen, Reclam XL Text und Kontext, Stuttgart 2014
[5] ebd.
[6] ebd.
[7] ebd.
[8] Jürgensen, Christoph und Irsigler, Ingo: Sturm und Drang, Vandenhoeck & Ruprecht, Oakville, CT, U.S.A., 2010

Seite 74)[1]und einem an manchen Stellen den Überblick verlieren lässt. Das Drama ist in einer alltagsnahen Sprache geschrieben: „Steig' einer auf die Warte und seh' wie's geht."(Seite 70, Vers 27)[2] . Berühmte Sätze aus dem Werk sind außerdem die alltagsnahen und umgangssprachlichen Ausrufe des Götz: „Er aber, sag's ihm, er kann mich im Arsch lecken."(Seite 77, Zeile 16-17)[3] . Wie bereits erwähnt gibt es keine einheitliche Handlung und keine richtige Dramatik. Durch die vielen Handlungsorte, die sich auf die Ständeunterschiede beziehen, ist das Drama „Götz von Berlichingen" (1773) eher ein politisches Drama, das eben nicht das Freiheitsbestreben der Bevölkerung zeigen möchte, sondern das selbstständige Individuum Götz, der sich gegen die Standesordnung lehnt. Es lässt sich zudem das Genie in Gottfried „Götz" von Berlichingen erkennen, da er sich nicht der Gesellschaft und der sich neu etablierenden herrschenden Ordnung anpasst, da er die Fähigkeit besitzt, selber zu denken und zu handeln, seine eigene Individualität zu leben sowie seine Gefühle zum Ausdruck zu bringen und unabhängig zu handeln. Wie in den Dramen des Sturm und Drang wird in „Götz von Berlichingen" (1773) der Freiheitsdrang thematisiert, insbesondere ein Protest der freien Reichsritter gegen die sich neu etablierende herrschende Ordnung der Fürsten. Somit geschieht ein „tragischer Zusammenstoß des Einzelnen mit dem „notwendigen Gang des Ganzen" (Seite 42)[4]. Außerdem spiegeln sich die „bewussten Verstöße des Autors gegen das kanonische Regelwerk und Götz' Widerstand gegen das neue Gesellschaftssystem" (Seite 80)[5] ineinander wieder. Zusammenfassend ist das von Goethe verfasste Drama „Götz von Berlichingen" (1773) ein Musterbeispiel für die Epoche des Sturm und Drang sowie für das Drama zu dieser Zeit.

---

[1] Jürgensen, Christoph und Irsigler, Ingo: Sturm und Drang, Vandenhoeck & Ruprecht, Oakville, CT, U.S.A., 2010
[2] Wald, Martin C.: Johann Wolfgang von Goethe Götz von Berlichingen, Reclam XL Text und Kontext, Stuttgart 2014
[3] ebd.
[4] keine Angaben zum Autor: Abi Deutsch (Duden SMS - Schnell-Merk-System), Duden Schulbuchverlag, Berlin.Mannheim.Leipzig.Wien.Zürich.Frankfurt a.M.
[5] Jürgensen, Christoph und Irsigler, Ingo: Sturm und Drang, Vandenhoeck & Ruprecht, Oakville, CT, U.S.A., 2010

5.2 Der „Geniegedanke" am Beispiel von „Götz von Berlichingen"

Da sich das Genie auf die Individualität und die Freiheit des Einzelmenschen bezieht, hat Goethe mit der Figur Gottfried „Götz" von Berlichingen ein Genie geschaffen, das sich von Natur aus gegen die Ständeordnung lehnt und auf die Freiheit sowie das Individuelle jedes Menschen abzielt. Schlussendlich jedoch scheitert Götz an dem Versuch der Auflehnung gegen die neue Ordnung, was zudem typisch für den „Geniegedanken" war.

Der „Geniegedanke" des Sturm und Drang wird zusätzlich durch das „revolutionäre [...] Schöpfertum" (Seite 23)[1] Goethes in dem Drama „Götz von Berlichingen" (1773) deutlich, da dieser dazu in der Lage war, in seiner Kreativität das zu schreiben, was man nicht aussprechen durfte. Damit gelang ihm der Aufstieg ins Unsagbare.

Wie bereits erwähnt, ist das Genie ein gottähnlicher, unabhängiger und individueller Schöpfer bzw. Künstler, der seine eigene Kreativität und sein Wissen nutzt, um die Natur zu vollenden.

Goethe, der sich viel mit Shakespeare, dem Vorbild als genialer Dichter der Stürmer und Dränger, auseinander gesetzt hat und dessen Meinung bezüglich des Weiterentwickelns der bis dahin bekannten Theatertraditionen teilte[2], schaffte mit seinem Werk „Götz von Berlichingen" (1773) ein neues Drama, welches sich in jeglicher Hinsicht von dem klassizistischen Drama[3] unterscheidet. Somit kann man Goethe ein Genie und „legitimen Nachfolger Shakespeares" (vgl. Seite 31)[4] nennen, der mit „Götz von Berlichingen" (1773) die Regeln und Normen der Aufklärung durchbrochen hat.

---

[1] von Wilpert, Gero: Die 101 wichtigsten Fragen Goethe, Verlag C.H. Beck, München 2007
[2] Kein Nachname, Andreas: Shakespeares Einfluß auf Goethe, Januar 2000, http://www.william-shakespeare.de/allgemein_shakespeare_und_goethe.html, (Zugriff am 05.04.2017)
[3] keine Angaben zum Autor: Abi Deutsch (Duden SMS - Schnell-Merk-System), Duden Schulbuchverlag, Berlin.Mannheim.Leipzig.Wien.Zürich.Frankfurt a.M.
[4] Jürgensen, Christoph und Irsigler, Ingo: Sturm und Drang, Vandenhoeck & Ruprecht, Oakville, CT, U.S.A., 2010

6 Zusammenfassung und Ausblick

Beginn meiner Überlegung war die Epoche des Sturm und Drang, in der man Kritik an der Aufklärung übte und die Gefühle sowie die freie Verwirklichung des eigenen Ichs in den Vordergrund stellte. Johann Wolfgang von Goethe hat mit seinem Drama „Götz von Berlichingen" (1773) die Regeln der Aufklärung durchbrochen und die Gefühle sowie das Freiheitsstreben anstelle des Verstandes gestellt. Durch seine Darstellung der Ständeunterschiede und dem letztendlichen Scheitern an der neuen Rechtsordnung hat Goethe nicht nur Kritik an der damaligen Gesellschaftsform geübt, sondern mit der Figur des Götz ein freies Individuum geschaffen, das sich seine Regeln und Gesetze selbst schafft. Mit dieser Figur hat Goethe gleichzeitig ein Genie geschaffen, das die Fähigkeit besitzt, selber zu handeln und zu denken. Mit der Untersuchung des Dramas „Götz von Berlichingen" (1773) wurde außerdem deutlich, dass sich dieses Werk nicht an den klassischen Regeln orientiert hat, sondern jegliche Normen verworfen hat.

Bei der Untersuchung des „Geniegedankens" in diesem Werk wurde zudem Goethes Kreativität im Hinblick auf das freie, unabhängige Handeln deutlich. Man kann Goethes Zeit im Sturm und Drang zudem als Grundlage seines Schaffens betrachten. Diese Epoche entstand aus einer Protestbewegung junger Menschen, die den Mut hatten, Kritik zu äußern und ihre Individualität zu verwirklichen. Dieses Handeln lässt sich zudem auf die heutige Zeit übertragen, in der junge Menschen den Mut besitzen, Veränderungen in unserer heutigen Denkweise anzustreben. Somit lässt sich der „Geniegedanke" auf die gegenwärtige Zeit übertragen, auch wenn dieser Begriff meist an Bedeutung verloren hat.

Als Ausblick würde ich die folgende Frage sehr interessant finden: Wieso lesen wir heute noch ein Werk wie „Götz von Berlichingen" und kann man aus der Figur des Götz heute noch etwas lernen? Meiner Meinung nach kann man aus der Kritik an der Aufklärung lernen: Man sollte im Leben nicht nur seinen Verstand benutzen und vernünftig sein, sondern auch auf seine Gefühle hören und seine Freiheiten einfordern sowie verteidigen.

Dies wird heutzutage immer deutlicher, da unsere Freiheiten in vielen Ländern der Welt eingeengt werden, wie zum Beispiel durch Herrschaftsformen, in denen man die Meinung des Volkes außer Acht lässt. Somit ist das Thema der Epoche des Sturm und Drang und des „Geniegedankens" immer noch aktuell und nicht zu vernachlässigen.

6.1 Literatur- und Quellenverzeichnis

6.1.1 Internetadressen

- Boerner, Peter: Johann Wolfgang von Goethe. Hamburg 1990. Rowohlt, http://www.literaturwelt.com/autoren/goethe.html (Zugriff am 05.03.2017)

- keine Angaben zum Autor und der Veröffentlichung, http://frankfurt-interaktiv.de/frankfurt/kultur/goethe/goethe.html, (Zugriff am 05.03.2017)

- Keine Angaben zum Autor und der Veröffentlichung, http://www.xlibris.de/Autoren/Goethe/Kurzinhalt/G%C3%B6tz%20v on%20Berlichingen, (Zugriff am 15.03.2017)

- Mahnert, Detlev: Sturm und Drang (1767-1785), http://www.detlev-mahnert.de/Sturm_und_Drang.html, (Zugriff am 26.03.2017)

- Keine Angaben zum Autor, hochgeladen am 15.06.2004, http://www.e-hausaufgaben.de/Hausaufgaben/D1462-Der-Geniegedanke-der-Sturm-und-Drang-Epoche.php, (Zugriff am 26.03.2017)

- Hahn, Katharina: Sturm und Drang. In: Rossipotti-Literaturlexikon; hrsg. von Annette Kautt; http://www.literaturlexikon.de/epochen/sturm_und_drang.html; Stand: 15.11.2012, (Zugriff am 26.03.2017)

- Fleck, Christina J.: Genie und Wahrheit. Der Geniegedanke im Sturm und Drang, Tectum, Auflage vom 1. Juli 2006, Klappentext, https://www.amazon.de/Genie-Wahrheit-Geniegedanke-Sturm-Drang/dp/382889075X, (Zugriff am 26.03.2017)

- keine Angaben zum Autor und der Veröffentlichung, http://www.duden.de/rechtschreibung/Sturm_und_Drang, (Zugriff am 26.03.2017)

- Keine Angaben zum Autor oder der Veröffentlichung, http://www.pinselpark.de/geschichte/spezif/literaturg/epochen/1770 _sturm.html, (Zugriff am 05.03.2017)

- keine Angaben zum Autor und der Veröffentlichung, http://frankfurt-interaktiv.de/frankfurt/kultur/goethe/goethe.html, (Zugriff am 05.03.2017)

- Kein Nachname, Andreas: Shakespeares Einfluß auf Goethe, Januar 2000, http://www.william-shakespeare.de/allgemein_shakespeare_und_goethe.html, (Zugriff am 05.04.2017)

- Keine Angaben zum Autor oder der Veröffentlichung, http://www.literaturwelt.com/epochen/sturm.html, (Zugriff am 05.04.2017)

6.1.2 Arbeitsblätter aus dem Unterricht

- Arbeitsblatt: „Dichtung und Wahrheit" in des jungen Goethe „Willkommen und Abschied" (erhalten am 01.03.2017)

- Arbeitsblatt: Das Herz schlägt früher, als unser Kopf denkt (erhalten am 24.02.2017)

6.1.3 Bücher

- Wald, Martin C.: Johann Wolfgang von Goethe Götz von Berlichingen, Reclam XL Text und Kontext, Stuttgart 2014

- keine Angaben zum Autor: Abi Deutsch (Duden SMS - Schnell-Merk-System), Duden Schulbuchverlag, Berlin.Mannheim.Leipzig.Wien.Zürich.Frankfurt a.M.

- Jürgensen, Christoph und Irsigler, Ingo: Sturm und Drang, Vandenhoeck & Ruprecht, Oakville, CT, U.S.A., 2010

- von Wilpert, Gero: Die 101 wichtigsten Fragen Goethe, Verlag C.H. Beck, München 2007